Bon anniversaire, Adrien !

Annick Girault – Mireille Delon-Boltz

Bordas
Jeunesse

Texte: Annick Girault.
Illustrations: Mireille Delon-Boltz.
Avec la collaboration de:
Marie-Christine Hagopian, institutrice en
maternelle.
**Conception de la maquette d'intérieur
et de couverture:** Insolencre.

© Bordas, Paris, 1991
ISBN 2-04-019323-5
Dépôt légal: juin 1991

Achevé d'imprimer en juin 1991
Proost International Book Production
Turnhout, Belgium

Ce matin, à l'école, Adrien distribue des invitations.

– Demain, c'est mon anniversaire !
Je vous invite chez moi !

Il fait rire les enfants. Qui est-il ?

Regarde bien et cherche dans l'image :

- un bandeau
- un clown
- une carte d'invitation
- une enveloppe
- une plante verte

5

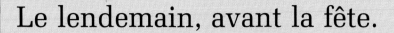

Le lendemain, avant la fête.

— Moi, je m'habille en dame ! dit Alice.

— Moi, je me déguise comment ? dit Adrien.

Quel objet Adrien tient-il dans sa main ?

Regarde bien et cherche dans l'image :

- un chapeau à plumes
- de la dentelle
- un pantin de bois
- un drapeau
- une épée

– Adrien, arrête de t'agiter comme ça ! dit papa. Va plutôt aider maman à faire le gâteau !

Elles sont toutes renversées. Qui sont-elles?

Regarde bien et cherche dans l'image :

- des ballons
- des fleurs
- des serpentins
- un masque
- une ribambelle

– Tu peux verser la farine, dit maman.

– Je mets les souris dedans ?

– Non, ce sera pour décorer le gâteau.

10

De ces cinq objets, lesquels peut-on manger ?

Regarde bien et cherche dans l'image :

- du beurre
- un fouet
- un moule à gâteau
- des œufs
- un saladier

11

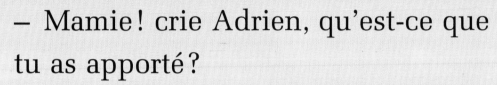

— Mamie ! crie Adrien, qu'est-ce que
tu as apporté ?
— Oh, plein de surprises pour toi et
tes petits amis.

12

Regarde bien et cherche dans l'image :

- une broche
- un cadeau
- une cuillère en bois
- de la farine
- un paquet de bonbons

13

– Chouette! crie Adrien, un chapeau de cow-boy!

– Tiens... j'entends sonner, dit maman. Qui va ouvrir?

14

Alice les a pris à sa maman. De quoi s'agit-il?

Regarde bien et cherche dans l'image :

- du maquillage
- une nappe
- des papillotes
- des pâtes de fruits
- un rouge à lèvres

– Coucou! crient les enfants.

– Au secours! Un monstre! crie mamie.

– N'aie pas peur, mamie, c'est Fifi!

Quel est le déguisement qui est à gauche?

Regarde bien et cherche dans l'image :

- une baguette magique
- un casque
- un costume de fée
- des étoiles
- un lasso

– Bon anniversaire, Adrien !

– Il manque deux souris ! dit Adrien.

– Regardez Zig-Zag qui se régale ! dit maman. Quel coquin !

Que boit Julie ?

Regarde bien et cherche dans l'image :

- des étincelles
- des flammes
- du sucre d'orge
- du jus d'orange
- une paille

19

– Ce sont des bougies magiques! crie Julie.

– Souffle plus fort Adrien! dit Fifi. Oh! elles se rallument!

Regarde bien et cherche dans l'image :

- un appareil-photo
- de la crème au chocolat
- des biscuits
- une pelle à gâteau
- un plateau

Un peu plus tard.

– Encore des cadeaux! crie Alice.

– Oui, on va jouer à la pêche à la ligne!
dit mamie.

Qu'est-ce qui tombe du sac de mamie?

Regarde bien et cherche dans l'image :

- un crochet
- une glace
- des volants
- des paquets
- une sucette

23

– Regardez, j'ai pêché une toupie ! crie Julie.

– Et si on dansait maintenant ? dit Alice.

Quel est l'objet qui fait du bruit?

Regarde bien et cherche dans l'image:

- un bâton
- des confettis
- une crécelle
- du papier cadeau
- un voile

– En avant la musique ! dit Fifi.

– Allez Zig-Zag ! dit Adrien.

Comment s'appelle la danse des enfants?

Regarde bien et cherche dans l'image :

- un disque
- des escarpins
- une ronde
- un faux nez
- un napperon

27

Le soir, après la fête.
– C'était le plus beau jour de ma vie,
dit Adrien, en s'endormant.

On l'éteint pour dormir. Qu'est-ce que c'est ?

Regarde bien et cherche dans l'image :

- une cocotte en papier
- la lumière

- une sarbacane
- un sifflet

- un yo-yo

29

As-tu trouvé ?
Alors bravo !
Vérifie vite,
on ne sait jamais…

| 8 | | 9 |

des fleurs

| 4 | | 5 |

un clown

| 10 | | 11 |

du beurre
des œufs

| 6 | | 7 |

un drapeau

| 12 | | 13 |

un cadeau
un paquet de
bonbons

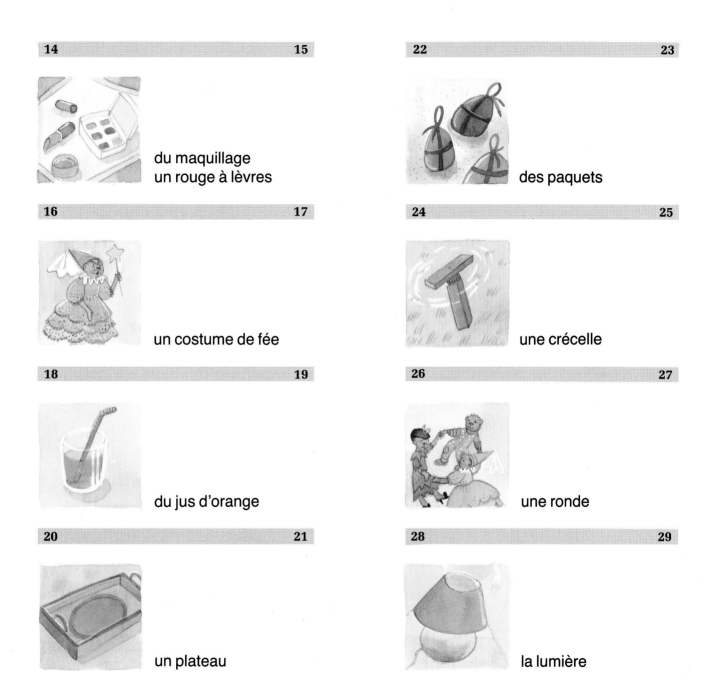

14   **15**

du maquillage
un rouge à lèvres

16   **17**

un costume de fée

18   **19**

du jus d'orange

20   **21**

un plateau

22   **23**

des paquets

24   **25**

une crécelle

26   **27**

une ronde

28   **29**

la lumière

31

PRINTED IN BELGIUM BY
proost
INTERNATIONAL BOOK PRODUCTION